Theo von Taane

Witze rund ums Schwimmen

Humor & Spaß : Neue Witze aus dem Schwimmsport, lustige Bilder und Texte zum Lachen mit Spritz Effekt!

Bibliografische Information der Deutschen Nationalbibliothek:
Die Deutsche Nationalbibliothek verzeichnet diese Publikation in der Deutsche
Nationalbibliografie; detaillierte bibliografische Daten sind im Internet übe
http://dnb.dnb.de abrufbar.

Texte und Illustrationen: **Theo von Taane**

Herstellung und Verlag: BoD – Books on Demand, Norderstedt

ISBN: 9783734734465

Witze rund ums Schwimmen

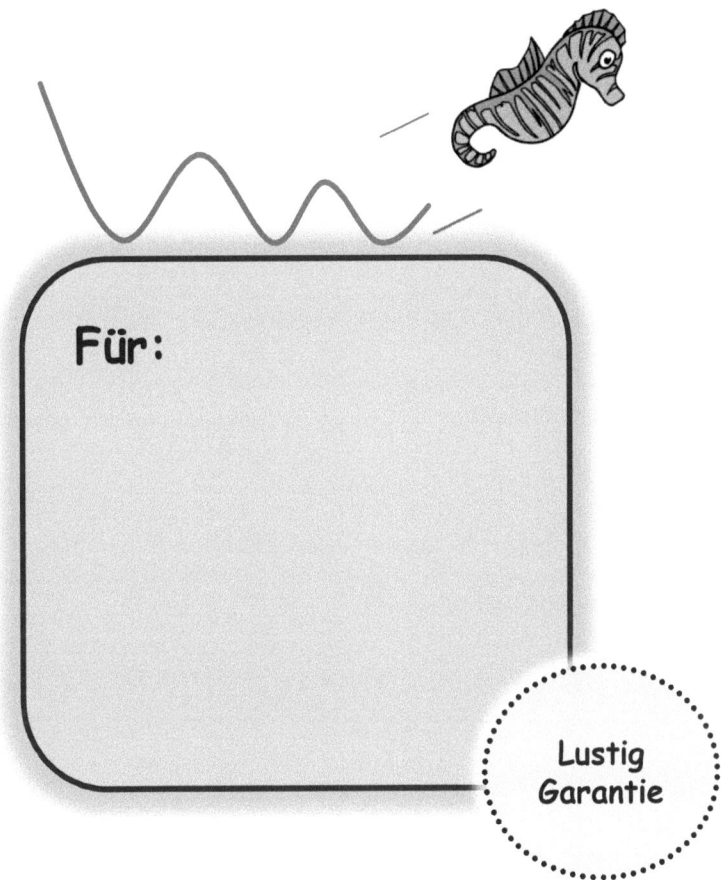

Für:

Lustig
Garantie

Inhaltsverzeichnis

Seite

1. Im Schwimmbecken... 5

2. Im Clubraum.. 25

3. Fitnesstipps... 29

4. Gesundheit, Pflege & Mode................................... 31

5. Kampfrichter... 36

6. Trainer & Training.. 39

7. Im Stadion 47

8. Clubtätigkeiten (und wie sie nicht vergeben werden sollten)... 49

9. Gesucht wird.. 51

10. 10 Anzeichen, dass sie verrückt nach Schwimmen sind 52

11. Das wirklich Allerletzte.................................... 53

1. Im Schwimmbecken

Guter Riecher

Also ihren Tick, sich vor jeden Schwimmwettkampf zu parfümieren ist schon sehr seltsam.

Ja, liegt wohl daran, dass sie einen guten Riecher dafür haben möchte wann der richtige Moment zum Ansetzen des Endspurts ist.

Das Team infernale

Während der Pause spricht der Trainer zu seinen Schwimmwettkämpfern: „Also ihr müsst euch nun langsam mal entscheiden, welchen Karriereweg ihr einschlagen wollt. Entweder das weltbeste Slapstick-Kabarett Ensemble werden oder die Gewinner dieses Schwimmwettkampfes. Beides gleichzeitig geht nicht."

Markenlos

Dumme Label Fetischisten.

Die ist NoName, mit der sprechen wir nicht.

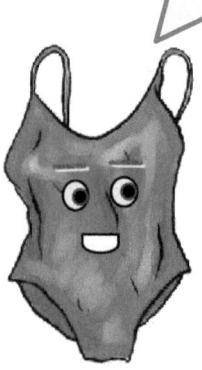

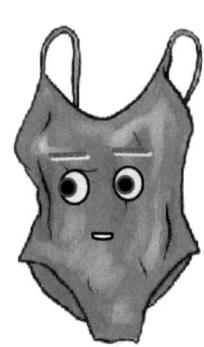

Auf den Hund gekommen!

„Hallo Herr Meyer, dass sie ihren Hund mit zum Schwimmwettkampf nehmen ist grundsätzlich in Ordnung, aber dass er nach jede Wende der Schwimmer jeweils einen anderen Startblock neu markiert geht nun wirklich zu weit."

Spieltaktik

Das das Nilpferd für uns in Schwimmwettkämpfen antritt ist ok, aber dass es sich in unserem Schwimmbad reinigt, geht nun gar nicht!

Nun mach mal halblang, schließlich könnte es damit auch als Reinlichkeitsvorbild für unsere Schwimmjugend dienen, die leider viel zu oft ohne vorheriges Abduschen direkt ins Wasser geht.

6

Schwimmmeister aus Japan?

> Peter, bist du sicher, dass dieser Koloss auch das erwartete Schwimmer Ass aus Japan ist? Ich will ja nicht unken aber diese Sprungtechnik ist mir bislang völlig unbekannt...

Konzentration

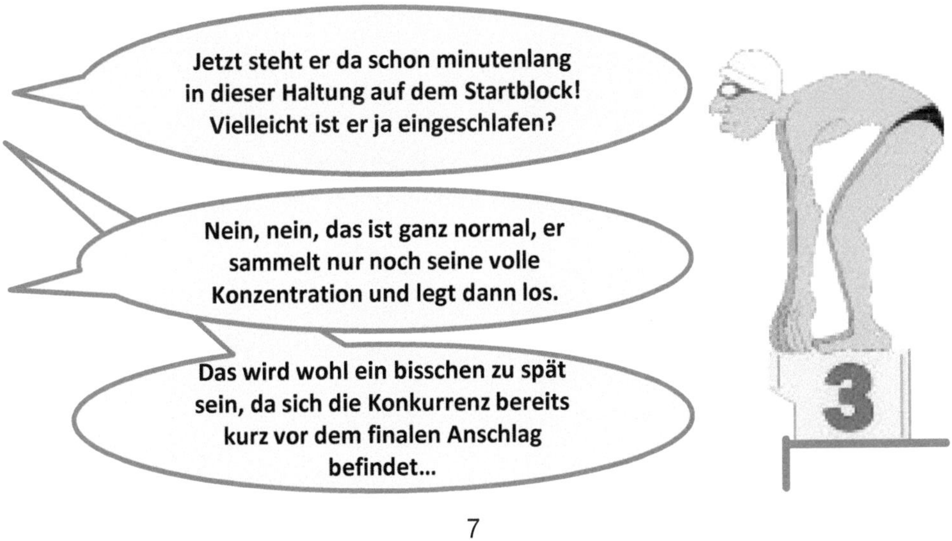

> Jetzt steht er da schon minutenlang in dieser Haltung auf dem Startblock! Vielleicht ist er ja eingeschlafen?

> Nein, nein, das ist ganz normal, er sammelt nur noch seine volle Konzentration und legt dann los.

> Das wird wohl ein bisschen zu spät sein, da sich die Konkurrenz bereits kurz vor dem finalen Anschlag befindet...

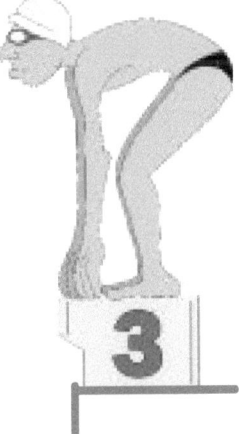

Schnelligkeit

„Mensch ihr Sohn hat ja eine tierische Geschwindigkeit beim Brustschwimmen drauf, vergleichbar mit....wie heißt noch einmal das Tier mit dem Haus auf dem Rücken?"

Wettkampfniederlage

„Hallo Herr Meyer, sagen sie mal weshalb kniet denn unser Trainer auf den Boden und schaut permanent nach unten?" Meyer:
„Er sucht das Körnchen Glück, dass ihm fehlte um mit der Schwimmmannschaft den letzten Wettkampf zu gewinnen."

Der ideale Schwimmwettkämpfer?

Schwimmsportväter

Zwei Väter beobachten das Schwimmen ihrer Söhne beim Jugendtraining, sagt der eine:

„Also wenn man ihren Sohn so im Wasser treiben sieht, merkt man schon welche Trainingsmethode hier verwendet wurde."

„Wie meinen sie das?"

„Na, Sie haben doch letztes Jahr mit der Familie Urlaub am toten Meer gemacht, da kann man doch besonders gut ‚toter Mann' im Wasser spielen.."

Kunstsprung

„Wow, das war wirklich ein bombastischer Sprung im Wasser. So etwas habe ich noch nie gesehen. Dieses Abheben wie in Zeitlupe und dann diese abrupte harte Landung mit voller Körperbreite auf der Wasseroberfläche.

Ich sag es ja immer, besser man sorgt immer vor dem Sprung für einen rutschfreien Stand"

Mobilfunk

„Hallo Herr Meyer wissen sie warum uns der Trainer zuruft, wir sollen unsere handys und smartphones ausschalten?" Meyer:

„Na offenbar möchte er den aktuellen Höhenflug der Mannschaft nicht gefährden und durch das Mobilfunkverbot den typischen Absturz in der letzten Schwimmrunde des Wettkampfes vermeiden."

Der Schwimm Nerd

Saisonvorbereitung im Schwimmverein

Vereinsmitglied zum Hallenwart:
„Das hatten wir ja noch nie. So viele Mitglieder, die freiwillig helfen die Clubräume zu renovieren. Toll diese Moral." Hallenwart:
„Ja unglaublich wie die Nachricht um eine gefundene historische Goldmünze im Versammlungsraum die Moral verändern kann, selbst wenn es sich um meine eigene handelt, die ich verloren hatte, aber das will ja keiner hören."

Lücke im System

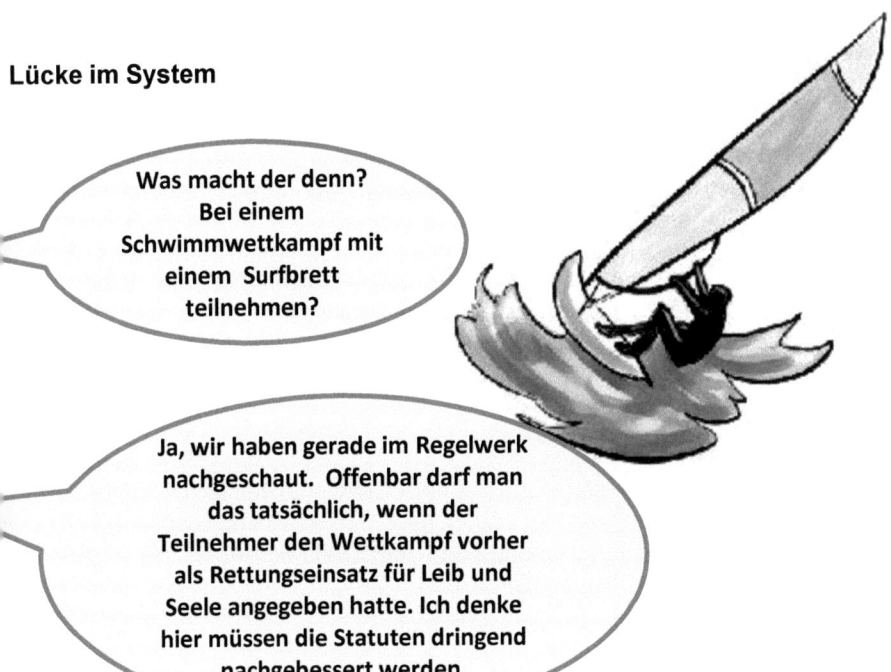

Was macht der denn? Bei einem Schwimmwettkampf mit einem Surfbrett teilnehmen?

Ja, wir haben gerade im Regelwerk nachgeschaut. Offenbar darf man das tatsächlich, wenn der Teilnehmer den Wettkampf vorher als Rettungseinsatz für Leib und Seele angegeben hatte. Ich denke hier müssen die Statuten dringend nachgebessert werden.

Psychologie

Trainer zu seinem Team nach dem Schwimmwettkampf im Schwimmbad des anderen Vereins:

„Um euren Gegner schlagen zu können solltet ihr ihn auch psychologisch gut einschätzen können. Wenn ihr z.B. merkt, dass er sehr agressiv ist und sich sofort an die Spitze setzen will, dann lasst ihn immer fast an euch rankommen, dass macht ihn dann so wütend, dass er desmotiviert wird und eurem Endspurt dann nichts mehr entgegensetzen kann. Hier zum Beispiel, nehmen wir diesen Schwimmer dort drüben in der Seniorenmannschaft, wie würdet ihr seine psychologische Verfassung einschätzen?" Darauf eines der Teammitglieder:

„Stark übernächtigt, Trinkerseele, humpelt leicht durch Knieverletzung, hat also Null Kondition und Beweglichkeit. Bei diesem Schwimmer reicht es, ihn gleich am Anfang zu einem Kopf an Kopf Wettkampf .zu verleiten, dadurch wird er sich verausgaben und aufgrund seiner Handicaps sofort verlieren." Trainer:

„Das ist ja toll analysiert, woraus entnehmen sie denn die ganzen Details?" Teammitglied: „Na ich werde ja wohl meinen eigenen Onkel kennen."

Ureinwohner aus der Südsee

„Sag mal Peter, wer ist denn dieser komisch gekleidete Kauz da drüben der aussieht wie ein Ureinwohner aus der Südsee?" Peter:
„Ach den, den hat unser Vorstand speziell für das Schwimmturnier eingekauft."
„Kann der denn so gut schwimmen?"
„Das nicht, aber sofern wir bei entscheidenden Wettkämpfen zu verlieren drohen, holt er seine Voodoo-Puppe raus und beginnt mit den Verfluchungen in Richtung gegnerische Mannschaft."

Erste Schwimmerfahrungen

Der kleine Paul war das erste Mal bei einem Schwimmwettkampf dabei und hat seinen Vater beim Schwimmen zugeschaut. Anschließend prahlte er:
„Mein Vater ist der beste Schwimmer auf der Welt. Er hat es als einziger geschafft am längsten im Wasser zu bleiben."

Ansprache

Nach dem Schwimmwettkampf spricht der Vereinsvorstand vor versammelter Mannschaft: „Wir haben zwar heute nicht gewonnen, aber nach dieser Vorstellung bin ich schon froh, dass keiner bei dem Versuch das Ende der Schwimmbahn zu erreichen sich in den Schwimmleinen verhäddert hat und ertrunken ist.

Ratschläge

Was meinte Peter damit ich soll aufpassen und nicht so weit rausschwimmen? Dies ist doch das Kinderbecken!

Geduld

Zwei Clubmitglieder schauen sich ein Schwimmwettkampf an, sagt der eine:

„Warum sitzt denn Rüdiger immer noch am Beckenrand statt weiter zu schwimmen?" Darauf der andere:

„Na weil ihm der Trainer gesagt hat er soll auf den richtigen Augenblick zum Angriff abpassen."

Andacht

„Sag mal warum steht denn die ganze Mannschaft schweigend vor dem Startblock 4 mit gefalteten Händen, und gesenkten Kopf?"

„Na weil wir uns auf dieser Schwimmbahn im letzten Ranglistenwettkampf der entscheidende Sieg gegen den Klassenerhalt eingebüßt haben und diesem nun die letzte Ehre erweisen."

„Und warum stehen dann alle Mannschaftsschwimmer da und nicht nur der Schwimmer, der das wirklich verursacht hat?"

„Die anderen stellen den Vollzug sicher.

Dirty Talking

Versprechen

„Sag mal, wieso trägt die Mannschaft beim Schwimmen jetzt ihre Sachen falsch herum, also das, was normalerweise innen ist, nach außen?"

„Na beim letzten Wettkampf hatten sie so schlecht abgeschnitten, dass die ganze Mannschaft versprach ihre Spielweise umzukrempeln."

„Ja schon, aber dass einige ihre Unterhose umgedreht nach außen tragen finde ich jetzt schon ein wenig geschmacklos."

Angeben

Du alter Angeber, blas dich nicht immer so auf!

Verabredung

Anton und Peter trainieren außerhalb des regulären Trainings Zeitschwimmen, da klingelt das handy von Anton. Anton nimmt ab und nach einer Weile sagt er zu Peter:

„Meine Frau hat gerade angerufen und mir gesagt, dass sie heute Abend erst sehr spät nach Hause kommen wird." Peter:
„Ja und?" Anton:
„Na sie weiß nichts von unserem Herrenabend heute und hat gesagt, dass sie mit dir den ganzen abend eine wichtige Präsentation für morgen vorbereiten muss."

Grundstück

Hast du schon gehört dass man jetzt Teile unseres Schwimmbeckens ideell kaufen kann? Man kann einen Namen vergeben, bekommt sogar eine Urkunde. Nette Sache als Geschenk. Und der Verein kann mit den Einnahmen notwendige Reparaturen durchführen."

„Theoretisch hast du recht. Aber es gibt hier ein paar Mitglieder die das ganze etwas zu ernst nehmen."

„Wieso?"

„Na schau doch mal rechts auf die Sprungbretter, hier haben sich die Müllers den 10m Turm gekauft und gleich komplett umzäunt."

Schwimmtaktik

Zwei Vereinsmitglieder schauen sich den Schwimmwettkampf von Nachwuchsschwimmern der U18 an, sagt der eine zum anderen:

"Also ich finde, dass die Taktik von Peters Überholversuchen dem eines Schachspiels ähnelt."

„Aber dann muss er wohl der Läufer sein, da er mehr cross schwimmt als der Bahnführung geradeaus zu folgen."

Unnormal

Wie schafft Andy das nur den Wasserfall noch oben zu schwimmen, das geht doch gar nicht?

Vermutlich nur eine Sache der Übung. Andy war schon immer jemand der gegen den Strom geschwommen ist.

Abhärtung

Also das ist schon ziemlich eklig. Wie kann Frank nur in dieser Drecksbrühe schwimmen?

Das gehört zu seinem Trainingsprogramm, um im Wettkampf auch mit ekligen Gegnern zurechtzukommen.

Moor beim Schwimmen?

„Warum stellt der Trainer vor den Springklötzen ein Schild mit der Aufschrift ‚Achtung gefährlicher Moor, betreten verboten' auf und weshalb stehen die Mannschaftskämpfer daneben und schauen gebannt zu?"

„Die Schwimmer sind unsere Nummer 1 Mannschaft bei den Junioren und der Trainer kann sich das schlechte Abschneiden der Mannschaft nur noch dadurch erklären, dass der Inhalt des Schwimmbeckens nicht aus Wasser, sondern aus Moor besteht."

„Das verstehe ich nicht."

„Na der Trainer hat so intensiv mit den Schwimmern taktisch gute Schwimmzüge und an der Technik gearbeitet, dass als einzige Erklärung nur noch Moor in Frage kommt, der im Schwimmwettkampf alle guten Schwimmbewegungen und eintrainierten Taktiken unserer Mannschaft rückstandslos verschluckt haben muss."

Fehlendes Nass

Unglaublich

Und dann waren da noch die Witze rund um die olympischen Spiele, aber dass war eine ganz andere Geschichte…

Pfeifenschicksal

Schwimmer

„Den aktivsten Part in eurem Schwimmwettkampf heute hatten die Schwimmleinen eurer Bahnen."

Irre

Treffen sich zwei Irre für ein Schwimmwettkampf, sagt der eine:

„Ach verdammt wir können nicht schwimmen."

Sagt der andere: „Warum nicht, was ist denn los?"

Darauf wieder der andere: „Wir haben die Würfel vergessen."

GPS

„Hallo Klaus, weißt du warum mehrere Schwimmer andächtig mit gesenkten Kopf und gefalteten Händen vor dem Eingang der Schwimmhalle stehen?"

Klaus: „Da nach den GPS-Koordinaten des neuen billig Smartphones von Frank, sich genau dort die heilige Anlage des Petersdom in Rom befinden müsste."

Freizeitschwimmen

Wussten sie schon, dass Freizeitschwimmen unter Schwimmprofis keine Verbreitung findet?

Traditionelles Treffen

Die drei Familienväter Paul, Frank und Peter treffen sich jeden Sonntag früh zwecks gemeinsamen Schwimmtrainings. Diesen Sonntag ist Ostersonntag und alle sind überrascht, dass es trotz Familienzwang jeden gelungen ist, zum Treffen zu kommen.

Paul: „Ich habe meiner Frau einen teuren Wellness-Gutschein geschenkt."

Frank: „Meine Frau hat von mir einen silbernen Anhänger bekommen, den sie schon immer haben wollte."

Peter: „Ich habe gestern Abend ausgiebig Knoblauch gegessen und bereits heute früh um sechs stand wie von Zauberhand meine Trainingstasche direkt neben der Tür fertig gepackt zum Abmarsch bereit."

Schwimmroboter

Peter, was hat sich denn der Vorstand nun wieder ausgedacht?

Na ja, der Vorstand möchte bei entscheidenden Wettkämpfer Schwimmroboter einsetzen um zu gewinnen. Und der Roboter beherrscht auch alle Schwimmtechniken bis zur Perfektion.

Ja und weshalb liegt er hier nun so nutzlos rum??

Er ist leider zu schwer und wie ein Stein direkt nach dem Kopfsprung ins Wasser untergegangen.

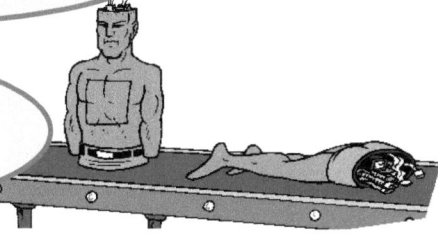

Fürsorge

Der Schwimmwettkampf ist kurz vor dem Start. Plötzlich spricht einer der Schwimmer zu dem neben ihm stehenden Schwimmer der anderen Mannschaft: „Schauen Sie mal den Krankenwagen, der kommt sicher wegen der hochschwangeren Frau dort drüben. Na, hoffentlich ist noch nicht die Fruchtblase geplatzt." Darauf macht der andere mit seinen Armen ausladende Winkbewegungen, um dem Krankenwagen aus der Entfernung zu signalisieren, wo dieser am besten halten kann.

Dann startet das Schwimmen. Nach Ende des Wettkampfes meint noch der eine Schwimmer: „Das war wirklich nett von Ihnen dem Krankenwagen zu helfen, schneller einen Halteplatz zu finden." Darauf der Schwimmer der anderen Mannschaft: „Ja selbstverständlich, immerhin handelt es sich bei der Schwangeren um meine Frau."

Auf den Hund gekommen

Zwei Schwimmer aus verschiedenen Mannschaften trainieren an diesem Wochenende Zeitschwimmen zusammen. Der eine hat einen kleinen Hund dabei und jedes mal wenn sein Herrchen vorne liegt macht dieser ein kleines Wuff und wenn er Rundenerster ist sogar einen kleinen Salto. Meint der andere: „Und was macht er wenn du mal nicht gewinnst?". Darauf wieder der eine: „Dann fängt er an zu fliegen." Der andere: „Das ist ja phänomenal. Wie weit denn?". Darauf wieder der eine: „Na genau die 10m vom Sprungturm natürlich."

Arzt

Beim Frauenschwimmen. In der Pause bemerkt eine der Damen dass der begehrte Dr. Frank zugeschaut hat und fragt ihn: „Hallo Herr Doktor wie finden sie mein Schwimmstil ?" Darauf der Doktor: „Aber meine Teuerste, sie wissen doch als Arzt unterliege ich der Schweigepflicht."

Ideale Schwimmbedingungen

Da ist das Problem mit unserer Schwimm-mannschaft, die sie alle viel zu verfroren um eine gute Leistung zu bringen.

Also wenn ich mir die Dame so anschaue, dann ist das Wasser derzeit definitiv zu kalt zum Schwimmen!!!

Einfach irre

Zwei Irre wolle zusammen Schwimmen, wundert sich der eine, dass die Badehose so groß ist, sagt der: „Das ist wirklich das Komische am Schwimmen." Fragt der andere: „Was denn?"
„Na, die verkaufen Badehosen die über den ganzen Körper angezogen werden müssen und dann sind sie auch noch aus Neopren."

Hilfestellung

Kindergeld

Wussten sie schon, dass Schwimmprofis trotz kindischen Verhaltens kein Kindergeld für ihre Knallschoten beantragen dürfen?

2. Im Clubraum

Toilettengang

Ein Schwimmer möchte nach dem Schwimmwettkampf in einem Schwimmbad auf die Toilette gehen. Da diese zu klein ist, um seine riesige Sporttasche mitzunehmen, muss er sie vor der Tür stehen lassen. Damit sie keiner mitnimmt schreibt er auf einen Zettel: „Wer es wagt, die Tasche wegzunehmen bekommt von mir einen harten Aufschlag wie als wenn man vom 10m Turm springt.". Er legt den Zettel auf die Tasche und geht dann auf die Toilette. Als er wieder raus kommt ist die Tasche weg und findet statt dessen einen Zettel auf dem Boden liegend auf dem steht: „Bei so einem harten Aufschlag erwarte auch kein Auftauchen deiner Sachen."

Mannschaftsessen

Wussten sie schon, dass das traditionelle Mannschaftsessen nach einem Wettkampf kulturell unterschiedlich verstanden werden kann, so verstehen beispielsweise Kannibalen etwas völlig anderes hierunter als in unseren Breitengraden.

Gerüchte

„Weißt du schon das Neueste?"

„Nein, was denn?"

„Peter Maier unserem Vorstand geht es momentan nicht gut, ein dutzend Gläubiger sind hinter ihm her, ihm steht das Wasser bis zum Hals."

„Ja das habe ich auch gehört und morgen will er untertauchen."

Moderne Sportanlage

„Also Herr Schulz die renovierten Clubräume sind wirklich toll, eine richtige Augenweide. Und auch diese moderne Inneneinrichtung ist schon sehr schick. Am beeindruckendsten finde ich allerdings dieses imposante 3-D Schwimmerbild, man könnte fast den Eindruck bekommen die Schwimmer bewegen sich." Darauf Herr Schulz:

„Ihr Eindruck stimmt, allerdings ist dies kein 3-D Bild sondern das Panoramafenster, das hinaus auf einen der Nebenschwimmbecken zeigt, in welchem gerade unsere Seniorenmannschaft ihr Schwimmtraining absolviert, und die sind immerhin im Schnitt schon über 80 Jahre alt."

Fachberatung aus erster Hand

Also, das kannst du doch besser. Versuche dich bei der nächsten Wende besser abzustossen und leg dich dann voll ins Zeug beim Endspurt. Das bringt dir bestimmt 1-2 Sekunden.

Bewerbung

Eine junge gutaussehende Frau betritt das Sekretariat des Schwimmvereins zwecks Bewerbungsgesprächs als neue Sekretärin. Zufällig hält sich der Trainer der Damenmannschaft im Büro auf und sortiert gerade hinter dem Schreibtisch die neu angekommenen Probe-Badeanzüge der Größe nach, als die junge Frau den Raum betritt. Die junge Frau:

„Guten Tag, ich bin Frau Müller die Neue, erinnern sie sich an unser Telefonat?" Trainer:

„Das ist ja super, wir brauchen dringend eine Verstärkung in unserem Team, aber sagen sie mal kommen sie zufällig auch mit einer versteiften Größe 8 zurecht?"

Die junge Frau errötend:

„Das kann ich nicht sagen, mit so starken Stücken hatte ich es bislang noch nicht zu tun."

Schwimmabzeichen

Was macht denn Karl da auf dem Wassertier?

Karl kann nicht besonders gut schwimmen und da habe ich ihm gesagt er soll erstmal sein Seepferdchen machen, aber ich glaube er hat das irgendwie falsch verstanden.

Schummel

Was ist denn hier los? Sieben Schwimmerinnen die genau gleich aussehen??

Das ist die neue Taktik unseres Vereinsvorstand. Eine der Schwimmerinnen ist eine Top Schwimmkämpferin, und die tritt in allen Wettkampfdurchgängen für die anderen an, statt nur einmal.

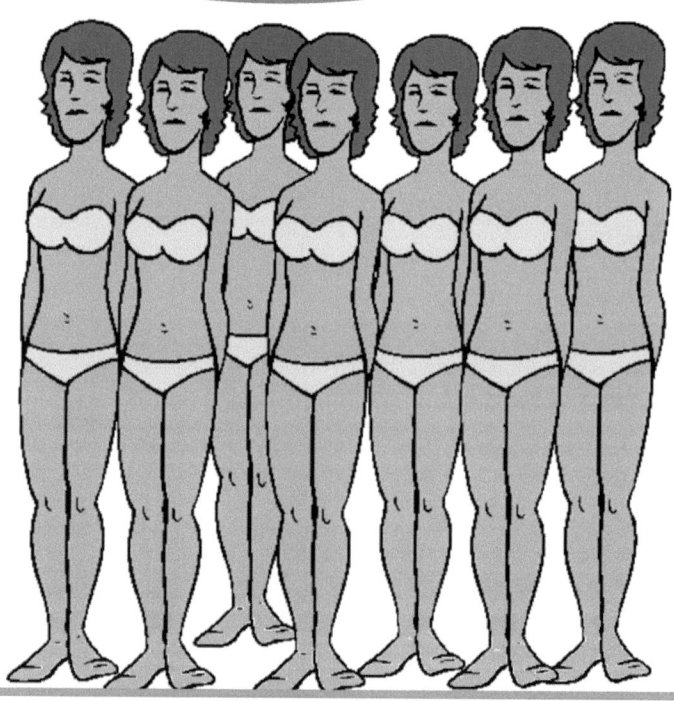

3. Fitnesstipps

Kondition

Mehr Ausdauer durch mentale Suggestion. Stellen sie sich einfach vor sie schwimmen die ganze Zeit während des Wettkampfes mit dem Strom und ihre Gegner gegen den Strom. Suggerieren sie sich in der zweiten Stufe dann mentale Siebenmeilenflossen. Sie werden sehen, mit ihrer neu gewonnenen mental geerdeten Kondition werden sie ganze Meere durchschwimmen.

Konzentration

Es ist wissenschaftlich erwiesen dass ein Sekundenschlaf eine enorm erfrischende Wirkung in kurzer Zeit erzielen kann. Daher rät der Profi bei lang anhaltenden Wettkampfphasen direkt nach einem Schwimmzug mal die Augen für ein paar Sekunden zu schließen. Der Erholungseffekt nach Wiederöffnen wird enorm sein. Sie werden weniger Druck verspüren und gehen erfrischt in die nächsten Wettkampfphasen. Und je mehr sie diese Technik in einem Schwimmwettkampf anwenden desto entspannter können sie schwimmen, bis hin zu einem souveränen Wettkampfverlust mit Wohlfühlgarantie (zumindest für Sie).

Linkisch

Bei Schwimmern mit zwei linken Händen wird von einer rechtsorientierten Wendedrehung dringend abgeraten.

Stirnband

Seniorenteam

Unterhalten sich zwei Schwimmwettkämpfer sagt der eine:

„Schau dir mal die Spieler der Seniorenmannschaft des gegnerischen Vereins an, sehen ziemlich grottig aus." Sagt er andere:

„Ach so, und ich dachte schon der Friedhof um die Ecke hätte heute Wandertag."

4. Gesundheit, Pflege & Mode

Fremdgehen

Unterhalten sich zwei Schwimmwettkämpfer sagt der eine:

„Hast du schon das Neueste gehört?"

„Nein, was denn?"

„Eine Frau wurde von ihrem Mann beim Fremdgehen erwischt. Aus Wut hat er diese solange mit einer Taucherbrille beworfen, bis sie in die Notaufnahme eingeliefert werden musste."

„Auweia, und welche Marke hat er verwendet?"

Beim Arzt

Ein Mann beim Arzt. Nachdem dieser alle Untersuchungen abgeschlossen hat, schaut er mit ernster Miene zum Patienten und sagt: „Ich rate Ihnen dringend sofort mit dem Schwimmsport aufzuhören.". Patient: „Ach Herrje, Herr Doktor steht es so schlimm um mich?". Arzt: "Das nicht, aber ihre Spielergebnisse lassen keine andere Diagnose zu."

Modern Look

Unterhalten sich zwei Frauen im Restaurant des renomierten Schwimmvereins, sagt die eine:

„Ja du hast recht dieser schäbige vintage–look ist wieder in, aber die anderen tragen mit Label und du nicht."

Outtasking

Zeit

Frank und Peter unterhalten sich nach ihrem Schwimmwettkampf

Frank: „Und Peter, wie lange schwimmst du schon?"

Peter: „Seit ungefähr fünf Jahren."

Frank: „Das ist eine lange Zeit, kein Wunder dass du so müde aussiehst."

Umschulung

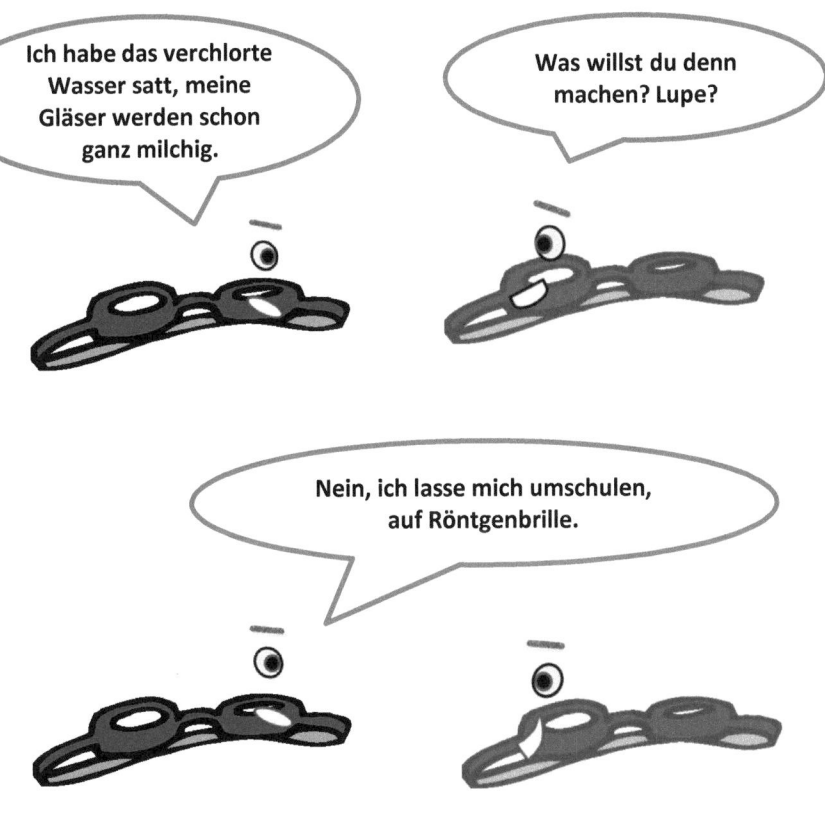

Outfit

„Hallo Tina, schön dass es heute mit unserer Verabredung zum Kaffeerinken auf der Terrasse des Schwimmcenters geklappt hat."

„Wie findest du eigentlich mein neues Outfit, das mir mein Mann letzte Woche gekauft hat?"

„Ja richtig, dass ist wirklich schade, dass ihr euch noch immer nicht versöhnt habt."

Neues Outfit

Unterhalten sich zwei junge Schwimmerinnen, sagt die eine: „Also immer, wenn ich ein neues Sportoutfit trage gehe ich mir gleich das nächste anschaffen." Darauf die andere: „Also bei mir ist das genau umgekehrt."

Armverletzung

Ein Schwimmwettkämpfer kommt mit stark bandagiertem Arm in den Clubraum. Darauf ein Vereinsmitglied:

„Übertrainiert?". Darauf der Schwimmwettkämpfer:

„Nein, beim Ausruhen vom Sofa gefallen."

Bewerbung

Und warum sollten wir gerade dich in unsere Schwimmmannschaft aufnehmen?

Mit mir machen sie einen guten Fang. Ich bin wie gemacht für das Wasser und ich kann große Sprünge vollbringen. Mit mir steht alles auf grün.

Nichts

Creme and run

„Wow Frank, deine Beinarbeit ist einfach fantastisch. Und du hast auch ordentlich abgenommen, mindestens 10 kilo. Wie schafft man das in nur zwei Wochen?" Frank:

„Das habe ich dem neuen Fitness- und Trainingsprogramm ‚Creme and run' zu verdanken." Darauf der andere:

„Creme and run? Was ist das denn?" Frank:

„Na ja, bevor man auf den Trainingsplatz geht reibt man sich die Waden mit Speck ein und wenn dann das Training beginnt nimmt der Trainer seinen ausgehungerten Terrier von der Leine."

.

5. Kampfrichter

Faul

Unterhalten sich zwei Zuschauer eines Schwimmwettkampfes, fragt der eine:

„Warum ruft denn der Kampfrichter permanent Faul?" Darauf der andere:

„Der eine Spieler schwimmt nicht besonders schnell und der Kampfrichter ist von Beruf Lehrer und kann offenbar auch in seiner Freizeit nicht abschalten."

Umorientierung

„Vielleicht sollte einer mal dem Ersatzkampfrichter sagen, dass wir hier nicht beim Tennis sondern beim Schwimmwettkampf sind." Darauf der andere: „Wieso?" Darauf wieder der andere: „Na hör mal, es gibt beim Schwimmen keinen Aufschlag, und jedes mal ‚1st Serve, quiet please' zu rufen, wenn ein Schwimmer zur Wende ansetzt geht nun gar nicht."

Kampfrichter

Im Schwimmwettkampf. In der Pause geht einer der Schwimmer auf den Kampfrichter zu und drückt ihm einen Euro in die Hand. Kampfrichter:

„Wie soll ich das denn bitte verstehen?" Schwimmer:

„Naja, ich dachte mir dass es sehr anstrengend für sie sein muss mehrere Stunden hier gelangweilt rumzustehen. Das müssen sie sich doch nicht antun als 1 Euro Jobber. Jetzt haben sie den Euro und können gehen wohin sie wollen."

Vergangenheit

> Weißt du was Sabine da auf dem Startblock macht?

> Na Sabine hat ihre Vergangenheit als Bodenturnerin noch nicht ablegen können und baut in ihre Wettkämpfe daher immer noch Elemente beider Sportarten mit ein.

Neuzugang

> Und Du meinst unser Neuzugang ist nicht regelwidrig?

> Ach, das merkt doch gar keiner

Haar- und Hautpflege

Seit ich Schaumar nehme fühlt sich mein Plastik viel elastischer an.

Vibrationen

Was ist denn mit Manfred los? Hat er einen epileptischen Anfall oder so?.

Nein, er kommt gerade aus einem Wasserballmatch und hatte mehrere harte Pfostentreffer hintereinander verkraften müssen.

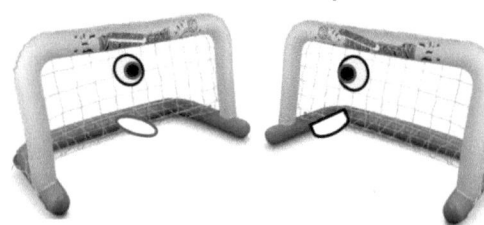

6. Trainer & Training

Wasserballschicksale

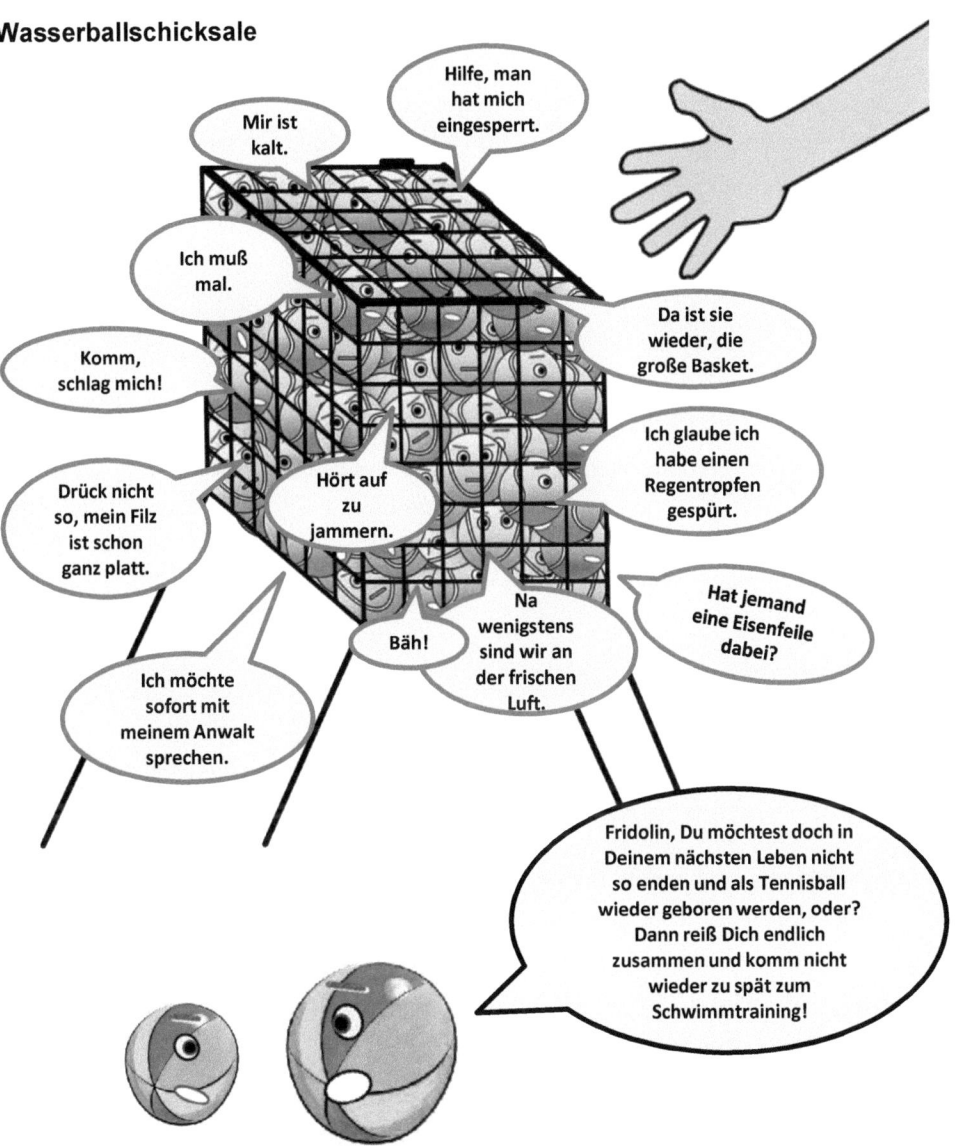

Zaungäste

Spricht der Schwimmprofi zu einem Zuschauer während des Trainings:

„Seit zwei Stunden stehen sie nun schon am Beckenrand und schauen mir dabei zu wie ich versuche, meine Schwimmtechnik zu verbessern. Wie wäre es, wenn sie versuchen würden, selbst mal zu schwimmen?" Darauf der Zuschauer:

„Nein danke, dazu bin ich viel zu ungeduldig."

Taxi Shuttle

Nach dem Schwimmwettkampf kommt der Trainer zur Mannschaft, welche gerade verloren hat und sagt: „Ich habe euch einen Shuttlebus direkt vor dem Eingang der Anlage bestellt, es wird in 4 Stunden da sein, d.h. ihr musst sofort losgehen um noch rechtzeitig da zu sein."

Ausbildung

Im Ausbildungslehrgang für angehende Schwimmtrainer. Ausbilder: „So nun habt ihr fast alles gelernt bis auf eine ganz wichtige Sache, die für den Erhalt eures Trainervertrages bzw. Kontingentes von großer Bedeutung ist. Bitte setzt jetzt alle eine ernste Miene auf und sprecht mir nach: Du bist ein echtes Talent. Aus dir kann mal was ganz großes im Schwimmen werden."

Schwimmcrack

Der Lehrer unterhält sich mit Peter: „Und Peter was machst du so in deiner Freizeit?" Peter: „Ich trainiere intensiv Schwimmen. Letzte Woche habe ich sogar ein internationalen Jugendwettkampf gewonnen und bin dadurch mit der Mannschaft unter die Top 3 in Europa hochgerutscht."

Lehrer: „Aber Peter, das wusste ich ja gar nicht. Das könnte natürlich deine schlechten Noten in der Schule erklären. Du wirst ja wahrscheinlich jeden Tag trainieren müssen und hast dann kaum noch Zeit für die Hausaufgaben."

Peter: „Ja genauso ist es. Aber wenn es zu viel wird, dann zieht meine Mutter schon mal den Stecker aus dem PC."

Wertvolle Tipps

In der Pause des Wettkampfes spricht der Trainer zur Mannschaft welche gerade hinten liegt: „So und nun macht ihr mal was ganz Verrücktes."

Spieler: „Was denn?"

Trainer: „Schwimmt."

Ich bin wie Jesus, ich kann übers Wasser wandeln!!

Letzte Worte

Die letzte Anweisung eines Schwimmtrainers:

„So und nun simuliere ich mal dass ich ertrinke indem ich mir die Gewichte umbinde, ins Wasser springe und ihr rettet mich."

Federball

Clubtrainerin

Die Clubtrainerin, welche einen riesen Busen hat sucht neue Übungsleiter zur Verstärkung des Trainerteams. Auf die Anzeige hin melden sich drei junge Männer. Nach dem Vorschwimmen ruft sie den ersten Kandidaten in das Vereinsbüro und stellt dann dem Bewerber einige Fragen. Zum Gesprächsabschluss stellt sie noch die Folgende:

„Fällt Ihnen irgendetwas Besonderes an mir auf?" Darauf der junge Mann:

„Sie haben einen monströsen Busen." Trainerin:

„So eine Frechheit, verschwinden sie sofort!". Dann ruft sie den Zweiten herein und auch ihm stellt sie am Ende des Gespräches die Frage:

„Fällt Ihnen irgendetwas Besonderes an mir auf?". Der junge Mann:

„Sie haben einen monströsen Busen." Clubtrainerin:

„Verlassen sie sofort das Büro!". Dann kommt der dritte Proband ins Büro und am Ende kommt wieder die Frage:

„Fällt Ihnen irgendetwas Besonderes an mir auf?". Darauf der junge Mann:

„Sie tragen einen wirklich bemerkenswerten Gürtel." Darauf die Trainerin erleichtert und ein bisschen geschmeichelt:

„Finden sie dass er mir steht?" Junge Mann:

"Nein, das nicht, aber ohne dessen Halt würde ihr monströser Busen glatt auf den Boden klatschen."

Beratung

Na los, spring schon. Sei kein Hasenfuß, es ist nichts dabei.

Nein, spring nicht! Das Leben ist viel zu schön. Denk doch auch mal an deine armen Eltern.

Götterdämmerung

Unterhalten sich zwei Vereinsmitglieder, sagt der eine:
„Achtung im Schwimmbecken geht gleich die Vorstellung los." Darauf der andere
„Wie, was denn für eine Vorstellung?"
„Na die Götterdämmerung." Darauf der andere:
„Ich versteh nur Bahnhof, ich sehe nur den Trainer mit Peter, die gerade ihr
Schwimmtraining starten." „Na eben, der kapiert doch schon zum x-ten mal
nicht die neue Schwimmtechnik und nach spätestens 15 min hörst du wiederholt
den Trainer brüllen: ,Mein Gott, wann dämmert bei dir denn endlich die
Technik!"

Cheerleader

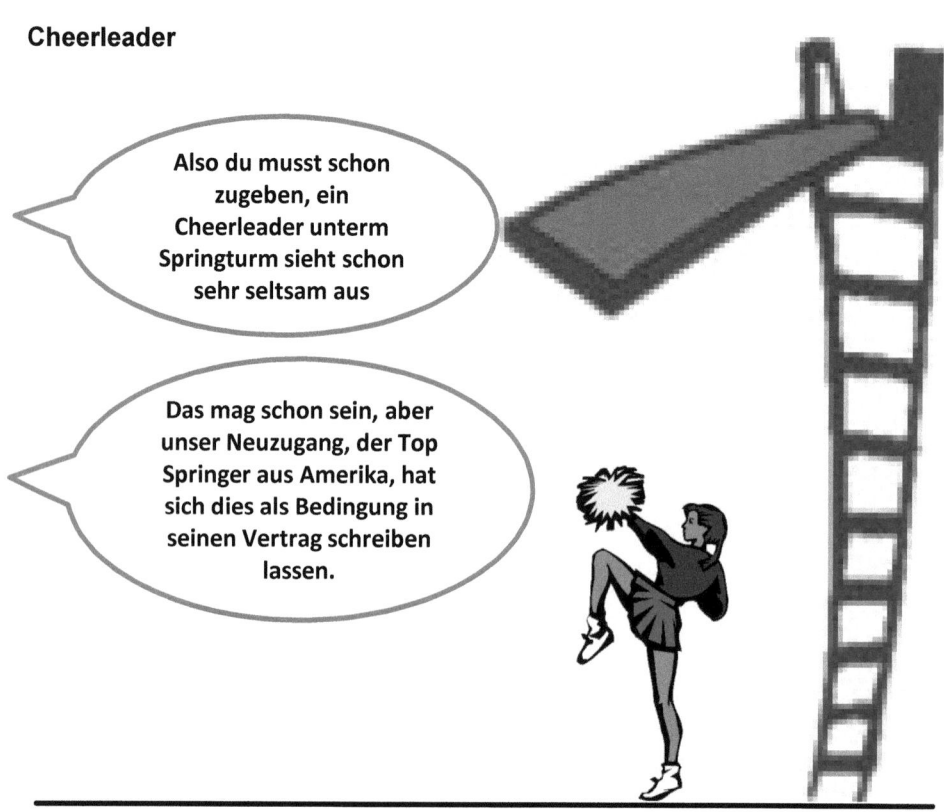

Also du musst schon zugeben, ein Cheerleader unterm Springturm sieht schon sehr seltsam aus

Das mag schon sein, aber unser Neuzugang, der Top Springer aus Amerika, hat sich dies als Bedingung in seinen Vertrag schreiben lassen.

Gang nach Kanossa

Der Schwimmwettkämpfer kurz vor dem Wettkampf: „Der Weg von den Umkleideräumen zum Schwimmbecken ist aber lang in diesem Verein und dann immer durch diese vielen Türen, das ist echt mühselig." Darauf der Trainer:

„Keine Sorge der Rückweg wird einfacher." Schwimmwettkämpfer:

„Wieso?" Trainer:

„Na mit deiner Einstellung wird uns unser Gegner heute so platt machen, dass ich dich nachher beim Rückweg problemlos unter den Türen durchschieben kann."

Brille

Na, hat dein Golfspieler wieder seine Brille vergessen?

100 Prozent

Nach dem Schwimmwettkampf kommt der Trainer zu seinen Schwimmern und sagt:

„Ihr habt heute alle Punkte gemacht."

Spieler: „Wieso wir haben doch glatt verloren."

Trainer verärgert: „Ja deswegen ja."

Auf der Tribüne

Auf der Zuschauertribüne während eines Schwimmwettkampfes dreht sich eine Zuschauerin, die einen sehr ausladenden Hut trägt, zu ihrem Hintermann um und fragt: „Stört sie mein Hut beim Zuschauen?" Darauf der Mann:

„Nein überhaupt nicht und wenn sie sich wieder nach vorne drehen würden, dann könnte ich auch wieder mein Bier drauf abstellen."

Tragende Rolle

46

7.   Im Stadion

Allgemeinwissen

Spricht ein Journalist im Interview zum Schwimmprofi: „Man sagt ja durch das viele Training leidet das Allgemeinwissen bei den Profis, da keine Zeit zum Lernen übrig bleibt." Darauf der Profi: „Nein, das kann ich so nicht bestätigen." Darauf wieder der Journalist: „Na gut, dann beantworten sie mir bitte die folgende Frage: Wo liegt Russland?" Darauf der Schwimmprofi:

„Na, weit kann es nicht sein, da unser Trainer Struganoff jeden Tag zu Fuß zum Training kommt."

Karrierehilfe

Fragt der Journalist den erfolgreichen Schwimmprofi: „Und sie haben ihre Karriere ganz alleine ohne Hilfe geschafft?" Darauf der Schwimmprofi:

„Das kann man so nicht sagen. Es gab da immer dieses viele Wasser in einem riesigen Becken die ich zum Sieg gebraucht hatte."

Hilfestellung

Nach dem Schwimmwettkampf humpelt ein älterer Zuschauer gestützt auf zwei Krücken zu einem der Spieler der Verlierermannschaft, reicht ihm eine Packung Vitamintabletten und sagt: „Die brauchen sie dringender als ich."

Zuschauer

Auf der Tribüne im Schwimmstadion. Kurz nachdem die Namen der beiden Mannschaften genannt wurden, steht einer der Zuschauer abrupt auf und schickt sich an zu gehen, da fragt ihn sein Sitznachbar: „Wo wollen Sie denn jetzt noch hin, das Spiel beginnt doch jeden Moment." Sagt der andere: „Habe ich letztes Jahr schon gesehen".

Auge

Nach Ende des Matches reibt sich einer der Schwimmprofis beim Verlassen des Schwimmbeckens intensiv die Augen, fragt ein Zuschauer: „Das war also der Grund warum sie verloren haben, sie hatten Probleme mit den Augen und waren dadurch gehandicaped?" Darauf der Schwimmprofi: „Nein, Schlaf im Auge."

Suche

Bei einem Schwimmwettkampf ertönt folgende Stadiondurchsage:

„Achtung liebe Gäste, der kleine Peter ist verloren gegangen. Er trägt kurze Hosen und ein blaues Hemd. Falls ihn jemand sieht oder er selbst diese Durchsage hört, bitte umgehend beim Stadionsprecher melden....(für einen kurzen Moment nur dumpfes Gemurmel zu hören)...und mir wurde gerade noch mitgeteilt, dass sich Peter auch auf dem Parkplatz aufhalten könnte, er fährt einen blauen Mercedes mit dem Kennzeichen B-WU3578."

Holzarbeiten

Wussten sie schon dass Bretter vor dem Kopf nicht nur die Sicht auf das Schwimmbecken einschränken, sondern auch Zaungäste provozieren können?

8. Clubtätigkeiten

(und wie sie **nicht** vergeben werden sollten)

Bademeister: Tunichgut mit Schnarchzapfen Diplom

Kampfrichter: Hans-guck-in-die-Luft

Vereinssekretariat: Gewitterziegen mit Schreckschraubenappeal

Vereinstrainer: Luftgitarrist

Trainingsteam: In Schießbudenfiguren konvertierte HB-Männchen

Vorstand: Jammerlappen

Finanzen: Raffzähne und falsche Fünfziger

Koch Clubrestaurant: Spaghettisultan

Betreiber Club Shop: Marktschreier mit dubioser Im- und Export Expertise

Oberkampfrichter: Perückenschaf mit Schlafkappenattitüde

Organisator Events: Fatalisten

Clubkommunikation: Quatschköpfe mit großem Tratschmaul

Mannschaftsführer: Als Klabautermänner verkleidet Psychopaten

1. Junioren: Königsberger Klopse mit Baumschulzeugnis

1. Juniorinnen: Als Zimperliesen geoutete Milchmädchen

1. Herren:	Platzhirsche
1. Damen:	Wuchtbrummen
1. Senioren:	Tattergreise mit Zauselgarantie
1. Seniorinnen:	Schabracken mit Schrulleffekt

Absprung

Blind Date

Zwei Zuschauer eines Schwimmwettkampfes unterhalten sich, sagt der eine: „Ich glaube der linke Schwimmer verwechselt das Spiel mit einem blind date." Fragt der andere: „Wieso?" Darauf wieder der andere; „Na weil der wie mit Tomaten auf den Augen schwimmt."

9. Gesucht wird ...

..ein neuer Vereinstrainer

Unser neuer Vereinstrainer muss den folgenden Anforderungen gerecht werden:

➢ Muss Tag und Nacht zur Verfügung stehen um **allen** Bedürfnissen der Vereinsmitglieder gerecht zu werden.

➢ Technikerausbildung gefordert zur kostenlosen Reparatur sämtlicher Geräte...von den Vereinsmitgliedern.

➢ Der Vereinstrainer ist auch der Schlüsselträger vom Isolationsraum, um trainingsunwillige Schwimmwettkämpfer bei Widerspruch als Strafe für gewisse Zeit wegzusperren zu können.

➢ Muss trinkfest sein, um kurz vor entscheidenden Schwimmwettkämpfen die Kämpfer der Gegenmannschaft, gelockt durch Gratisdrinks unter den Tisch trinken zu können.

➢ Führen einer Hunde- und Katzenpension in der Urlaubszeit für die Tiere der Vereinsmitglieder.

➢ Betreiben einer Website zur Partnervermittlung um die 1.Mannschaft durch Abwechslung motiviert zu halten, natürlich erst nach persönlichen Qualitätscheck der Probanden/innen.

➢ Bei Reisen mit der 1.Mannschaft zur Saisonvorbereitung muss der Trainer vor Ort im Hotel Küchenarbeit leisten um die Reisekosten für den Verein möglichst gering zu halten.

➢ Arrangement ‚zufälliger' Unfälle für die Top Player des nächsten gegnerischen Teams.

10. Zehn Anzeichen, dass sie verrückt nach Schwimmen sind

1. Die Ausrichtung ihrer Wohnung geschieht nicht nach Feng Shui sondern nach der Struktur eines Schwimmbeckens

2. Der Handschlag erfolgt nur noch mit nasser Hand

3. Die Rasenhöhe in ihrem Garten entspricht genau der durchschnittlichen Wellenhöhe in Schwimmbädern

4. Sie genießen das Gefühl, eine neue Badehose bzw. Badeanzug in der Hand zu halten mehr als die Berührungen ihrer Frau.

5. Sie kennen alle Spielergebnisse ihres Schwimmvereins vom Wochenende auswendig, haben aber keine Ahnung, was gerade in der Welt vorgeht.

6. Sie finden es witzig mal etwas anderes anzuziehen als ihre Sportsachen

7. Sie finden das voll fair, dass ihr/e Partner/in fremdgeht, wenn sie dadurch mehr Freiraum fürs Schwimmtraining bekommen.

8. Sie hören bei einem romantischen candle light dinner nur dann ihrem Gegenüber zu, wenn dieser bestimme Schlüsselworte fallen lässt, wie z.B. 10m Turm, Warmbadetag oder Chlorgehalt

9. In ihrem Navi ist ihr Schwimmverein als Heimatadresse hinterlegt

10. Sie kaufen nur noch Stifte mit eingebauten Mehrwert fürs Schwimmen z.B. mit Mini Schnorchel oder Schlüsselarmband für den Umkleidespint

11. Das wirklich Allerletzte

Umwelt

Bitte daran denken:
Nicht mehr gebrauchte ebooks bitte fachgerecht entsorgen!

53

Aktuelle Umfrage

‚Benötigen Schwimmvereine mehr IT Fachexperten?'

Nein: 0%

Ja: 0

1.   If Ja <101 then Ja = Ja +1

2.   If Ja <101 then Print ‚Ja:'Ja'%'; Goto 1.

3.   end

Ja: 1%

Ja: 2%

Ja: 3%

Ja: 4%

.....

Wie uns die Umfrageergebnisse eindeutig zeigen, erfreuen sich die IT Fachleute in Schwimmvereinen einer wachsenden Beliebtheit.

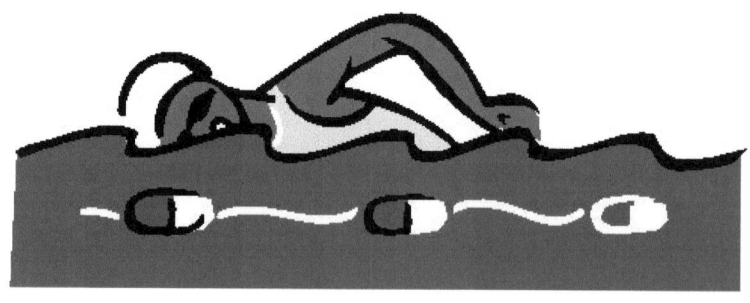

Bücher von Theo von Taane:

„Mein Schlag war nicht zu weit,
macht doch das Feld länger !"
ISBN: **9783735794604**

„80% meiner Freizeit verbringe
ich hilflos in Drehtüren!"
ISBN: **9783735758125**

ebook Spiele von Theo von Taane:

„Schnappt Ede!"
Für 2 - 4 Spieler; Alter: 6 – 99 Jahre
ISBN: **9783734721748**

„Die spannende Geschenkejagd!"
Für 2 – 4 Spieler; Alter: 6 – 99 Jahre
ISBN: **9783734721755**

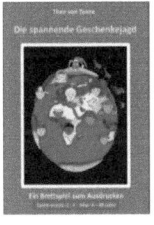

„Das Kuck-Kuck Spiel !"
Alter : 0 – 3 Jahre
ISBN: **9783734723827**

„80% meiner Freizeit verbringe
ich hilflos in Drehtüren!"
ISBN: **9783735758125**

Inhaltsverzeichnis

Abhubfantasien – Bergab geht's schneller als zu Fuß!

Untertagewerk – Das Leben ist hart, bisher hat es noch keiner überlebt!

Internetmysterien – Gibt es Freunde außerhalb von Facebook?

Bonap Petit – Ich nehme nicht einfach zu, ich gebe Kalorien ein Zuhause!

Relativitätstheorie – Du und ich, wir sind schon ein tolles Trio!

Körperertüchtigung – Das Wichtigste am Schweißausbruch ist das ‚w'!

Tierfreunde – Falls jemand heute abend Schäfchen zählen will: Eins fehlt, ich hatte heute Lamm!

Wissen schafft Platz – Ein Drittel? Nicht mit mir, ich will mindestens ein Viertel!

Abenteuer Einkauf – Im Supermarkt klauen gehen und nach dem Kassenbon fragen!

Jahrestage – Da will man mal in Ruhe das ganze Haus putzen und was passiert? Man hat keine Lust!

Dies & Das – Oh nein! Mein betrunkener Zwilling war wieder unterwegs!

Der Wunschknopf – Zuerst hatte ich kein Glück, und dann kam noch Pech hinzu!

Abhubfantasien – Bergab geht's schneller als zu Fuß!

Auf dem Flughafen

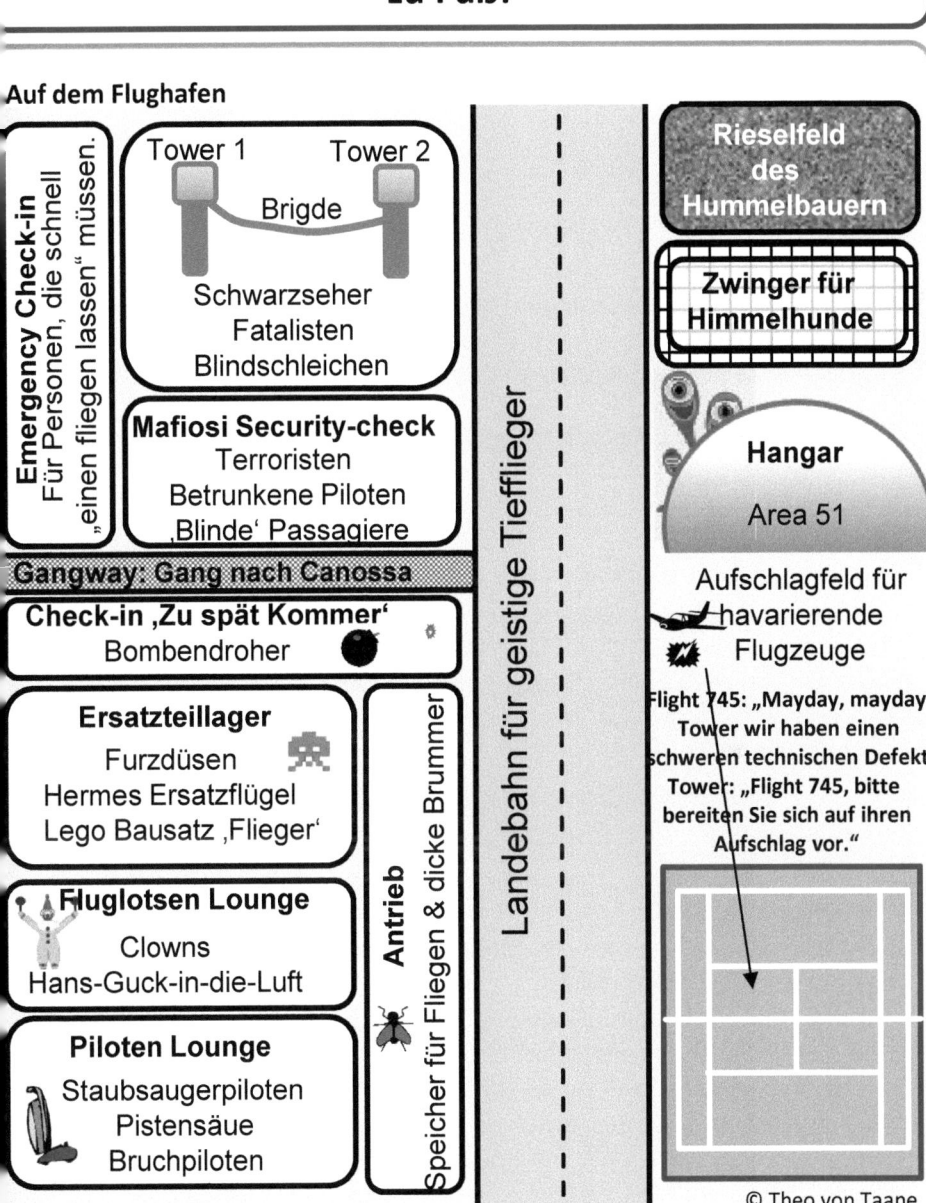

Emergency Check-in
Für Personen, die schnell „einen fliegen lassen" müssen.

Tower 1   Tower 2

Brigde

Schwarzseher
Fatalisten
Blindschleichen

Mafiosi Security-check
Terroristen
Betrunkene Piloten
‚Blinde' Passagiere

Gangway: Gang nach Canossa

Check-in ‚Zu spät Kommer'
Bombendroher

Ersatzteillager
Furzdüsen
Hermes Ersatzflügel
Lego Bausatz ‚Flieger'

Fluglotsen Lounge
Clowns
Hans-Guck-in-die-Luft

Piloten Lounge
Staubsaugerpiloten
Pistensäue
Bruchpiloten

Antrieb
Speicher für Fliegen & dicke Brummer

Landebahn für geistige Tiefflieger

Rieselfeld des Hummelbauern

Zwinger für Himmelhunde

Hangar
Area 51

Aufschlagfeld für havarierende Flugzeuge

Flight 745: „Mayday, mayday. Tower wir haben einen schweren technischen Defekt!"
Tower: „Flight 745, bitte bereiten Sie sich auf ihren Aufschlag vor."

Notfall

Der Pilot aufgeregt an den Tower:

„Mayday, mayday. Der Motor ist ausgefallen und wir befinden uns im direkten Sinkflug! Wir werden alle sterben!!!" Darauf der Tower:

„Nur die Ruhe, Sie sehen das zu negativ." Pilot verwundert:

„Was, wieso?" Darauf wieder der Tower:

„Na, Sie wissen doch, Totgesagte leben länger."

Luftkurierdienst

„Unsere Luftkuriere sind die Flexibelsten in der ganzen Luftfahrtindustrie und schon von einem ganz besonderen Schlag". Darauf der Andere:

„Wie von welchem denn?" Darauf wieder der Andere:

„Vom Taubenschlag."

Pilot

Kurz vor dem Abflug. Die Passagiere sitzen bereits und warten noch auf das Erscheinen des Piloten. In diesem Moment taucht dieser augenscheinlich blind, mit Hund und Blindenstock am Flugzeugeinstieg auf und entschwindet sogleich unter den erstaunten Blicken der Passagiere in das Cockpit. Ehe jemand etwas sagen kann, ist die Maschine bereits am Starten und hebt unter hysterischem

Geschrei der Passagiere sauber ab. Nachdem die Maschine am Zielort ebenso wieder problemlos gelandet ist, geht einer der Passagiere zu dem Piloten, als dieser gerade die Maschine verlassen will und spricht ihn an:

„Wie haben Sie denn das schaffen können, völlig blind, die Maschine so sicher zu starten, zu fliegen und auch wieder zu landen?"

„Ach das ist nichts Besonderes, das war Teil meiner Ausbildung."

Antwortet der Hund.

Im Cockpit

Untertagewerk – Das Leben ist hart, bisher hat es noch keiner überlebt!

Auf dem Friedhof

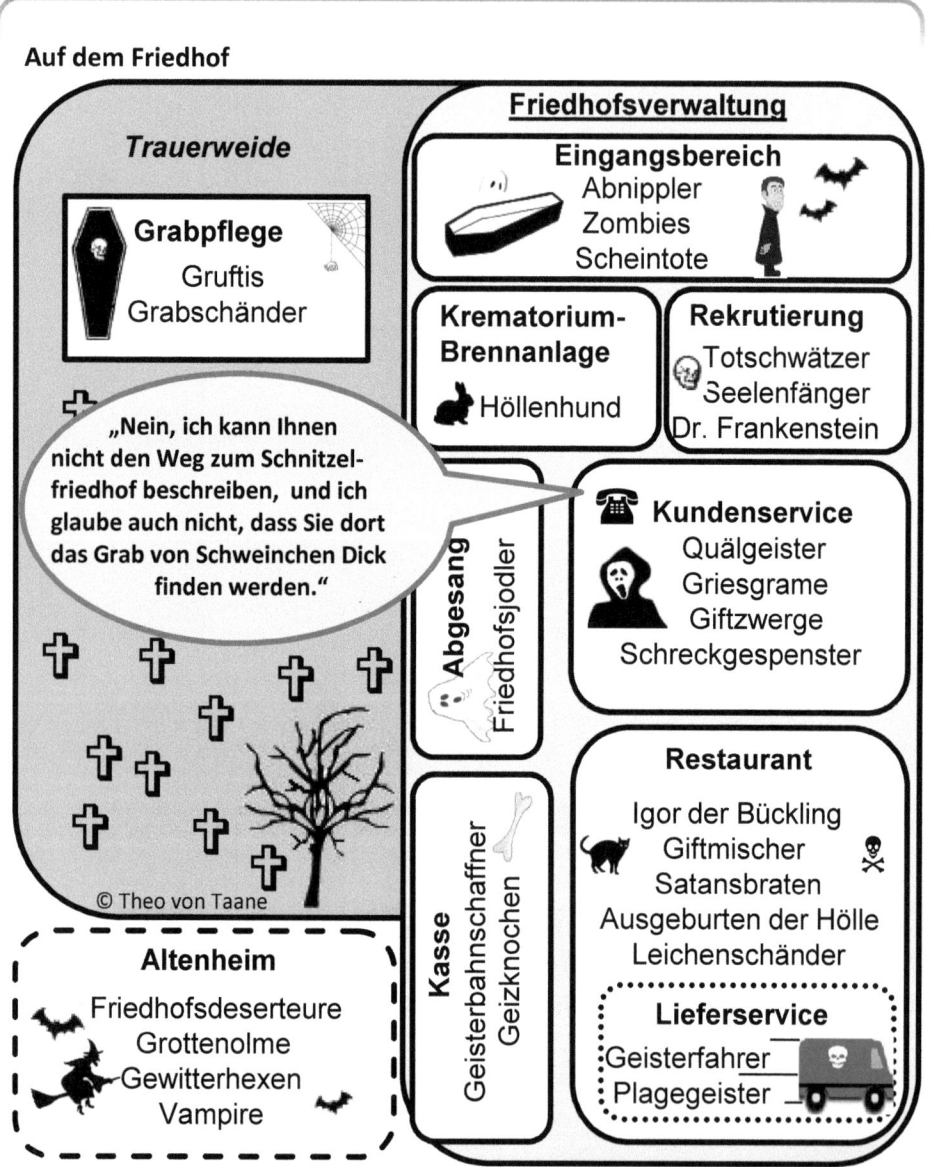

„80% meiner Freizeit verbringe ich hilflos in Drehtüren!"

ISBN: **9783735758125**